Toguiyanouba Ngarsetti Aimé

S'isoler!

Toguiyanouba Ngarsetti Aimé

S'isoler!

Je pleure...

Éditions Muse

Imprint

Cover image: www.ingimage.com

Publisher:
Éditions Muse
is a trademark of
International Book Market Service Ltd., member of OmniScriptum Publishing Group
17 Meldrum Street, Beau Bassin 71504, Mauritius
Printed at: see last page
ISBN: 978-620-2-29745-5

TOGUIYANOUBA NGARSETTI AIME

Recueil de poème.

S’isoler!

Table de Matière

Oh pays!

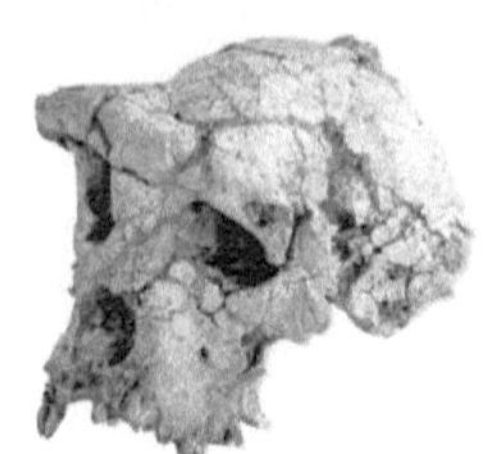

Il faut avoir le courage d'être triste.

Seul sous un arbre, je médite que la vie est triste.

Que la journée si longue est maudite.

Je suis fier d'être triste.

Car ce pays longtemps meurtri,

Ne peut se relever sans faire fi.

Des préjugés pas du tout progressistes.

On s'entretue pour un rien,

Sans oublier qu'on est tchadien.

Aujourd'hui on s'ignore,

Mais demain sera le calvaire.

De grâce pour nos enfants,

Oublions ce passé lugubre,

Pour reconstruire un avenir céleste,

Afin que tout tchadien y trouve son compte.

Ne t'y mêle pas!

Que ceci soit valable à tous!

Oh frère écoute bien!

Toi qui ne sais point la valeur d'une couleur.

Couleur de la colère de la haine de Caïn,

Couleur qui nui à la vie humaine sans gène.

Ne sois pas comme ceux

Qui s'éterniser dans ce fauteuil.

N'oublis pas que cela deviendra ton cercueil.

Ne sois pas comme nos leaders africains,

Qui adorent les tapis rouges.

La couleur rouge, ce n'est rien que la couleur du sang.

Ignorant innocent.

Ne t'y mêle pas ......

Retire tes pas car, mon cœur bat.

Des loups aux cheveux blancs qui n'ont que des mots doux.

Oh! Frère ne t'enfonce pas dans cette épineuse boue.

Ils envoient les gosses d'autrui dans la rue pour les défendre

Les leurs sur l'autre côté dans des chambres

Quel qu'en soit leur pouvoir…

Dieu les voit.

Ne t'y mêle pas…

Retire tes pas car mon cœur bat

Evite d'avoir cet esprit diabolique

Des traites, hypocrites, des lâches qui font de la politique.

Oh ! Frère ne t'y mêle pas…

Retire tes pas, Car mon cœur bat

Oh ! Frère ne t'y mêle pas…

Retire tes pas…

J'ai peur que tu meurs.

Confession, pardonnez-moi!

J'ai subi les circonstances de la vie.

J'ai vécu les circonstances de la vie.

La vie est comme une fleur, sous l'ombre elle brille.

Oh! Elle est mystérieuse, sous le soleil elle jaunie.

Devant toi père céleste, je m'incline.

Pour te demander de me pardonner puisque j'ai péché.

Mes parents que j'ai dénigrés à tous ceux que j'ai offensés.

A mes amis que j'ai haï tous ceux qui me garde de rancune.

A mon père et ma mère que je ne les aie pas honoré.

Aux amours, ceux ou celles qui m'ont aimé que je n'ai pas aimé.

A ceux qui, ne sont plus et que je ne parvenais à m'excuser.

Ceux qui l'erreur leur fait mal. Ceux à qui j'ai blessé, trahi.

Ceux qui l'incompréhension coupe leur rire l'illusion s'éteint.

Nul n'est parfait l'erreur est humaine je vous prie de me pardonner.

S'isoler!

S'isoler c'est n'est pas une fin en soi.

S'isoler c'est juste un repli tactique.

S'isoler, reculer pour mieux sauter.

S'éloigner pour mieux observer.

S'écarter pour mieux juger

Progresser pour mieux se faire respecter

Régresser c'est se faire détester, mépriser

S'isoler, méditer pour mieux palier

S'isoler c'est escalader pour être chevronné

S'isoler s'accrocher à la solitude

Pour éviter des ennuis, des ennemis

S'isoler, loin d'être exilé, ni de s'enfuir

Prends courage, gardes l'espoir

Ainsi, te sourira la vie

Mais...

S'isoler c'est pleuré.

Oui pleuré le sort des autres.

Avant que l'on ne te pleure.

S'isoler pour que personne,

Ne puisse parler mal de toi.

M'isoler pour que je ne puisse guère haïr

S'isoler M'isoler c'est évité de trahir

Que d'être trahit.

S'isoler pour que son personnage.

Ne puisse trahir son espérance.

S'isoler pour que son histoire, son silence

Puissent témoigner de l'excellence de son existence.

S'isoler de ce monde mystère pour éviter ces austères.

Trouvons vite une solution!

L'envi de luxe,

Envahit les villes.

Ces automobiles, motocyclettes et les usines

Provoquent polluassent l'air.

Les plastiques embrassent les sols,

Volant vers le ciel,

Comme les oiseux.

Les cadavres d'animaux

Dans les marigots.

Nous en sommes les proies.

Des maladies...

Des mouches, du choléra,

Des piqûres de moustiques;

Victime de malaria.

Des espaces vides et des caniveaux,

Remplient des ordures et des déchets,

Dégageant des odeurs nauséabondes.

On a du mal à respirer.

Alerte! Nous sommes étouffés.

Plantons des arbres,

Pour recevoir de l'air pur.

Protégeons notre environnement.

Trouvons vite une solution...

Seul, au bord du Chari, je pense.

Ce fleuve était majestueux, immense.

Il serpentait ce pays pour ce jeté dans le lac.

Les camions le traversaient en bacs.

Depuis que l'homme, le destructeur de la nature,

Coupent arbres, arbustes pour ses besoins vitaux par excellence (pour la nourriture).

Accélérant ainsi le phénomène de la désertification.

Le fleuve se traine entre des bans de sables, quelle désolation.

Ses capitaines fierté de notre pêche disparaissent.

Les caïmans et autres espèces de poissons nous abandonnent.

Seules quelques races hippopotames que le soleil se dorlotent.

Tandis que la chaleur de la saison sèche, nous brule.

La pluie se faisant de plus en plus, d'année en année rare.

L'agriculture ne nourrit plus son Homme.

L'élevage disparait petit à petit faute d'herbe.

Trouvons vite une solution, car le désert nous menace.

L'exploitation abusive

De notre patrimoine naturel,

Engendrera un déséquilibre écologique grave.

La prise de conscience de notre environnement.

Sera un acte louable,

Car notre vie en dépend.

Je m'en veux mère.

Je me souviens de tes mots doux, lorsque tu me serrais dans tes bras.

Tu me dorlotais quand j'avais sommeil.

Tu me donnais de sourire lorsque j'étais affligé.

Oui, je me souviens de tous tes je t'aime, que tu me disais à chaque fois.

Je me souviens de m'avoir dit, que j'étais un archange.

Tu étais si heureuse de me porter sur le dos et de me présenter à tout le monde.

Pour toi, j'étais la personne la plus précieuse de ta vie.

Je me souviens à tors ou à raison, lorsque tu me faisais la défense.

Tu priais nuits et jours, pour que le ciel me barde.

Mais, je ne fessais que des choses odieuses.

Malgré tous, tu m'aimais tant mère.

Ô! Le temps passe si vite,

Que je ne pouvais m'imaginer pousser de barbes,

Oui, j'ai grandi.

Grandir, t'offrir tout ce que l'on peut offrir à une mère.

J'aimerais te dire je t'aime et de t'offrir mon amour.

J'aimerai faire tes témoignages et tes éloges comme les a fait l'autre (CAMARA LAYE).

Tu m'as appris à être courageux.

Tu m'as appris à me défendre.

Tu m'as appris à vénérer.

Tu m'as appris à pardonner.

Tu m'as appris à être responsable.

Tu m'as donné le gout de vivre.

Tu m'as donné le sourire.

Tu m'as donné la joie.

Tu m'as donné la vie.

Maman, je te dis merci.

Maman, je t'aime.

Je ne peux pas rembourser, tous ce que tu m'avais donnés.

Mais je prie pour que le père prolonge ta vie. Je n'ai pas de fortune pour te donner.

Je te donne mon je t'aime.

Je n'ai pas de cadeaux à t'offrir.

Mais je t'offre tous mon amour.

Je m'en veux, de t'avoir vu peiné.

Je m'en veux, de t'avoir fait souffrir.

Je m'en veux, de m'avoir défendu à tord ou raison.

Je m'en veux, d'être désobéissant à ton égard.

Ô! Mère.

J'ai honte mère.

Oui, j'ai honte de te causer tant de blêmes.

Oui, j'ai honte de te faire croire que j'étais un ange.

Honte de moi,

Honte de te mépriser.

Je m'en veux, de ne t'avoir jamais dit je t'aime.

Je m'en veux mère.

Je m'en veux de t'avoir injurié devant le monde.

Je m'en veux d'être insolant à ton égard.

Je m'en veux mère.

Malgré tous tu étais prête à tout.

Tu m'aimais tant mère.

Tu es béni.

Béni ô maman.

Je t'aime tant mère.

Conseil d'un père: L'amour et la déception!

L'amour nous prend à telle enseigne qu'on ne peut nous maitrisés et la déception pareil.

Deux choses différentes qui ne se croisent jamais mais qui vont de paire et finiront par se coaliser un de ses quatre.

Il est bon de changer un livre que de tourner la page. Car, la prochaine ne sera pas meilleure que la première.

Une histoire d'amour finie toujours mal. Si le début marche, l'on à besoin d'aller au plus profond de découvrir ce que sait que l'amour mais l'amour ne fini jamais.

Oui, ou soit par la déception ou soit par la mort mais l'amour reste et existe cas même.

L'amour et la déception, lorsque l'Homme porte en lui, il devient dangereux qu'un criminel.

Un conseil fils!

N'aimes pas la personne, parce que tu es fou mais aimes la personne, parce qu'elle te rend fou.

L'amour rend heureux, la déception rend malheureux.

Mais le seul espoir qui fais vivre et qui donne le sourire c'est le don de Dieu.

Même si on se sent loin des seins l'amour nous rend heureux.

Ecoutes fils, n'aimes pas celui qui t'aime, mais aimes plutôt celui qui souffre pour t'aimer.

Car, l'amour ça se fait et non ça se dit. Qui dit je t'aime se moque de toi, qui dit je ne t'aime pas dit la vérité.

Mais le vrai amour ça se construit et non ça se dit.

Ciel Nuageux !

Ces chants d'oiseaux sont mélodieux,

Malgré ces lieux lugubres et odieux.

Soyons comme eux libres et joyeux,

Volant du matin au soir dans les cieux.

Ce temps est aujourd'hui nuageux,

Complice des amoureux courageux.

Qui ne pensent qu'à retrouver leurs intimités.

Au lieu d'être à côté de la cheminée.

La pluie tant attendue par les paysans,

Ne tardera pas à faire la joie des enfants,

Barbotant et s'amusant dans la boue,

Pour attraper des maladies comme la toux.

Quant-à-nous autres habitant des taudis,

Pensons à l'inondation, ce challenge, ce défit.

Qui chaque année nous pose problème.

Essayons de trouver des solutions sans être blêmes.

Au grand jamais!

Nous partirons tous les deux voir les images.

Au grand mécontentement de mes ancêtres.

Tu m'aimais tant père.

Et je te montrerais à tout le monde très fier

Sur le lit de l'hôpital, sous mes bras, tu étais couché.

Tout en parlant, j'avais pleuré.

Des conseils, tu m'avais donné.

Et après les yeux fermes, sous mes, tu m'avais quitté.

Papa, pourquoi nous abandonné à cet âge?

Un locataire dépourvu ne choisit pas son étage.

Seul Dieu a le destin de ce monde.

Toujours a sonné, tu quittes ce monde.

Chanson: un mirage citadin.

Jean était un élève travailleur.

Dans sa classe, il était le meilleur,

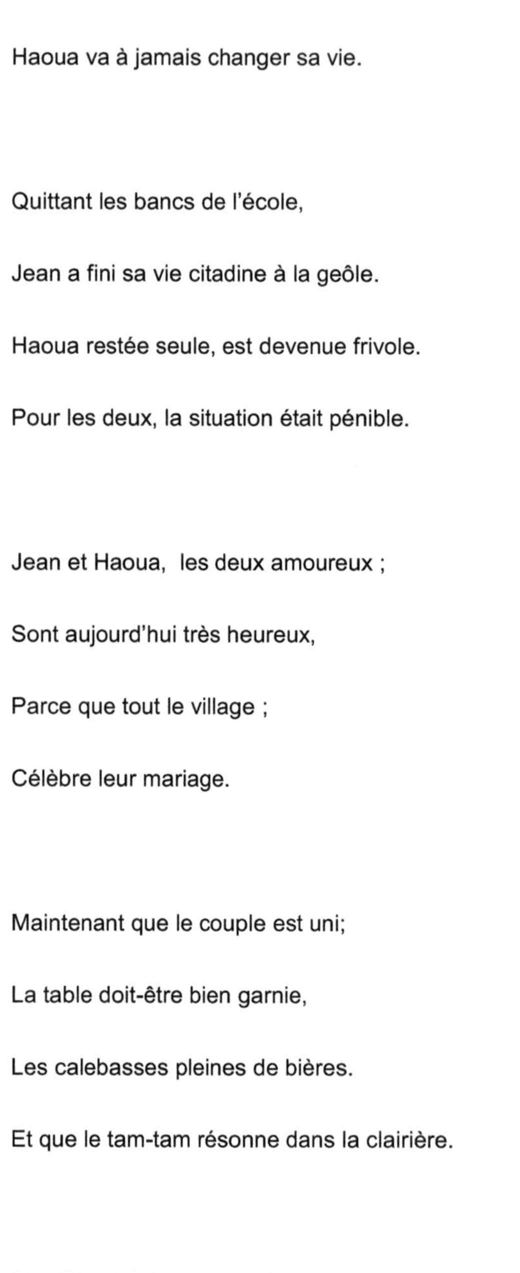

Une rencontre hasardeuse avec une fille.

Haoua va à jamais changer sa vie.

Quittant les bancs de l'école,

Jean a fini sa vie citadine à la geôle.

Haoua restée seule, est devenue frivole.

Pour les deux, la situation était pénible.

Jean et Haoua, les deux amoureux ;

Sont aujourd'hui très heureux,

Parce que tout le village ;

Célèbre leur mariage.

Maintenant que le couple est uni;

La table doit-être bien garnie,

Les calebasses pleines de bières.

Et que le tam-tam résonne dans la clairière.

Que Dieu bénisse leur union,

Pour que ce couple ne tombe

Plus sur cette union, ce mirage.

Qui est pour la jeunesse un poison.

Alcool!

Le maître destructeur de locateur du corps.

Le tirant universel

L'axe central de l'univers

Tu es la prime de tous les dégâts

Tu es les causes de tous les maux

Tu rends la vie de l'Homme

Minable, misérable, irresponsable, esclave

Tu mets des gents en conflit

Tu gâches la vie des humains

Tu rends des Hommes veufs, veuves

Des défunts, orphelins

O peste de tous les temps

Tu as causé tant de regrets

Alcool d'où sors-tu?

D'où viens-tu?

Qui es-tu?

Ne me colle pas

Ne me traine pas

Laisses-moi

Laisses-moi en paix.

Victimes de cannibales

Victimes de cannibales

Méfis-toi de ceux qui ont tout le temps la dalle

Protèges bien ton âme

Tu risqueras d'être sur le macadam

Sur un jeu de dame

Sous l'ombre de la haine

Je vois ta peine

Sous le soleil de désespoir

Je te sens victime parmi ses proies

Du ciel comme de la terre

Notre vie s'achève sur cette trêve,

Et ils se taisent…

Il était une fois dans notre QG…

Il était une fois dans notre QG

L'histoire d'un tonton cinglé

Respecter, respectueux, respectable.

Il n'est qu'un minable irresponsable.

Habiller tout le temps en veste.

Tout le monde le croyait sage.

Mais son personnage ne l'ait pas.

Il porta en lui le virus du VIH SIDA.

A l'inaperçu, il faisait ses jeux,

A l'insu de ses voisins.

Les parents de ces jeunes innocents.

Un jour, il trompa, sortait,

Une jeune fille de son quartier,

Lui donnant quelques billets

De FCFA.

Là voila!

L'une de ses victimes cette adolescente.

De l'amour à la sensation.

Du sentiment au plaisir.

Du désir à la souffrance.

De la misère à l'enfer.

Aussi tôt fait, tout est fini.

Tonton lui transmet la maladie.

La jeune fille

Ne savait pas que l'homme,

Qui a l'âge de son père,

Etait infecter…

Elle a son premier,

Rapport sexuelle.

Non protéger…

Elle qui ne méritait pas le prix Nobel.

Le trophée de l'amour.

Amère.

Son rêve, son avenir, sa vie,

Se résume à cette sale maladie.

Cette dernière qui séropositive.

Innocente, ignorante de son état.

A son tour,

Transmet aux jeunes de son âge.

Qui à leurs tours,

Couchaient, distribuaient,

Se transmettaient

Le virus du VIH SIDA.

La maladie se propageait…

Nul n'est épargné…

Tous les jeunes du quartier

A fleure d'âge,

Succombaient à tours de rôle.

Les mois se succédèrent,

De manière dramatique.

Le quartier pullule de cas d'obsèques.

Les yeux inondés de larmes.

Les Hommes, les cris, les pleures,

Résonnèrent de part et d'autres.

Le voilà sur le lit de l'hôpital.

A tous ses voisins faisant appel.

A son dernier soupir, se confessa.

Faisant ses aveux d'Adieu.

Hum…

Le voilà partir sous un autre ciel.

Le silence prend pouvoir dans la salle.

Dominés par la fatigue,

Visages crispés.

Couvert de la colère

De la haine de Caïn

Les larmes aux yeux.

Les parents inquiets,

Le tour de drame à venir,

De leurs progénitures.

Imaginez la suite…

Que vous arrives africains?

Que ce continent très vaste est beau.

Mais ces africains sont des corbeaux.

Du Nord au Sud, on ne rencontre que l'hospitalité.

De l'Est à l'Ouest, le quotidien est boudé.

Que vous arrives africains?

Unis depuis toujours par le même lieu.

Qui brusquement se coupe.

Et vous rendez tous des vauriens.

Jadis nos parents se côtoyaient.

Agriculteurs et éleveurs cohabitaient.

Hier à la queue leu-leu comme des fourmis.

Aujourd'hui, vous êtes des ennemis.

Réfléchissez pour un avenir radieux.

Afin que vos enfants vivent heureux.

Car pour vos ambitions bassement égoïstes.

Ne laissez pas ce continent dans une situation triste.

Oh amour!

De peur de te perdre,

J'ai peur de te dire, je t'aime

Parce que je te respecte.

Ce n'est pas parce que, je suis fou

Que je t'aime mais ce parce que

Je t'aime que je sois devenu fou.

Montres-moi le chemin,

Qui mène chez toi.

Montres-moi le chemin,

Qui mène vers ton amour.

Montres-moi le chemin,

Qui mène vers ton jardin.

Montres-moi le chemin,

Qui mène vers ton paradis.

Oh amour!

De l'amour, amour… à l'amour

Quand, tu aimes, tu deviens fou.

Fou, ô! Oui, c'est vrai.

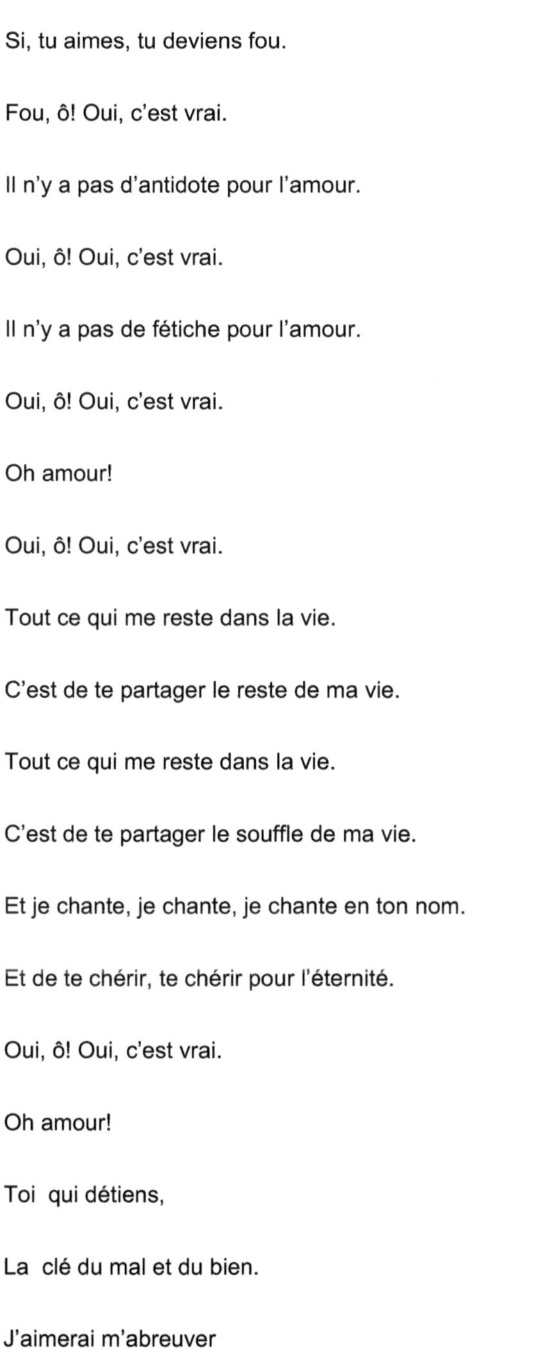

Si, tu aimes, tu deviens fou.

Fou, ô! Oui, c'est vrai.

Il n'y a pas d'antidote pour l'amour.

Oui, ô! Oui, c'est vrai.

Il n'y a pas de fétiche pour l'amour.

Oui, ô! Oui, c'est vrai.

Oh amour!

Oui, ô! Oui, c'est vrai.

Tout ce qui me reste dans la vie.

C'est de te partager le reste de ma vie.

Tout ce qui me reste dans la vie.

C'est de te partager le souffle de ma vie.

Et je chante, je chante, je chante en ton nom.

Et de te chérir, te chérir pour l'éternité.

Oui, ô! Oui, c'est vrai.

Oh amour!

Toi qui détiens,

La clé du mal et du bien.

J'aimerai m'abreuver

De l'eau de ta fontaine,

J'aimerai me baigner,

Me noyer de la sueur

Qui glisse entre,

Ton corps.

Malgré tout!

De loin ou de près,

Tu resteras toujours,

Dans mon cœur.

Oh amour!

Oui, ô! Oui, c'est vrai.

Je pleure parce que, je pense!

Oh ciel bleu!

prie mon seigneur.

Pour qu'il me donne,

La force de prier.

Oh ciel bleu!

Je pleure mes frères et mes parents.

Qui ne sont plus en vie.

Que la terre,

Leur soit légère.

Pour ceux de martyrs…

De guerre…

Je pleure parce que, je pense!

De tous les maux,

Qui minent ce monde.

Je pleure parce que, je pense.

Eternel désarmé!

Je te prie de nous pardonner.

Si, nous avons vraiment péché,

Car cette vie qu'on traverse,

N'est pas la notre.

Ou c'est ainsi,

Bafoué notre destin.

Je pleure parce que, je pense!

Si je pense

C'est parce que la pensée

A occupée mes idées.

Mais quand, je pleure

C'est parce que la pensée

A débordée la pensée

De la pensée de mes pensées.

Alors…

Je pleure parce que, je pense!

Parce que ses pensées

M'ont fait penser

Et ses pensées

M'ont fait couler

De larmes.

C'est pour cela, je pleure.

Trahison sentimental!

Je croyais qu'elle m'aimait.

Pourtant elle me flattait.

Des années à l'écouter.

Elle ne fait que me tromper.

Je croyais qu'elle m'aimait.

Pourtant elle me flattait.

Des années à l'aimer.

Elle ne fait que me duper.

Je n'ai pas la chance,

Comme les autres.

A chaque fois,

Que je me trouve,

Une âme-sœur.

Elles ne font,

Que me décevoir.

Construire un amour,

Sur des mensonges,

C'est comme un château,

Sur le sable.

Oh les femmes!

Pourquoi vous nous maltraités?

Oh les femmes!

Pourquoi vous nous malmenés?

Oh les femmes!

Pourquoi vous nous méprisés?

Oh les femmes!

Pourquoi vous nous trompés?

Les femmes d'aujourd'hui,

Sont très dangereuses.

Elles ne sont pas sérieuses.

Pas du tout honnêtes.

Elles feront semblant de t'aimer.

Pourtant c'est pour te ronger.

Elles prennent souvent la tête.

On les appelle des calculeuses.

A chaque week-end,

Elles veulent se tresser.

Elles fréquentent les coins chics.

A chaque fin du mois.

Elles vont te dresser une longue facture.

Elles ne sont jamais stables.

Elles changent souvent des côtés.

Le jour où tu as un peu d'argent.

Elles vont t'appeler,

Toute la journée.

Mais le jour tu n'as plus.

Tu es oublié.

Oh les femmes!

Pourquoi vous nous maltraités?

Oh les femmes!

Pourquoi vous nous malmenés?

Oh les femmes!

Pourquoi vous nous méprisés?

Oh les femmes!

Pourquoi vous nous trompés?

Mariage parfait!

Sur le sable,

Je viens en promenade.

Au bord du Chari,

J'ai rencontré Charline.

Tellement belle,

D'une beauté naturelle.

Grâce à mon regard sentimental,

Qui on porté le fruit de l'amour.

Tellement, je l'aime.

J'ai peur de la perdre.

On s'est aimé…

Pour l'éternité.

C'est une histoire d'une fille fidèle.

Elle est honnête.

Elle respecte tout le monde.

Dans mon quartier, mes voisins l'admiraient.

Dans ma famille, mes parents l'appréciaient.

Et même moi, je l'adore.

Elle répond présente à toutes les tâches ménagères.

Au début, je là croyais capricieuses.

Pourtant, elle n'est pas comme les autres.

Je ne regrette pas ce choix.

Oh oui!

Je l'aime toute ma vie.

Sur le sable,

Je viens en promenade.

Au bord du Chari,

J'ai rencontré Charline.

Tellement belle,

D'une beauté naturelle.

Grâce à mon regard sentimental,

Qui on porté le fruit de l'amour.

Tellement, je l'aime.

J'ai peur de la perdre.

On s'est aimé...

Pour l'éternité...

Après notre mariage.

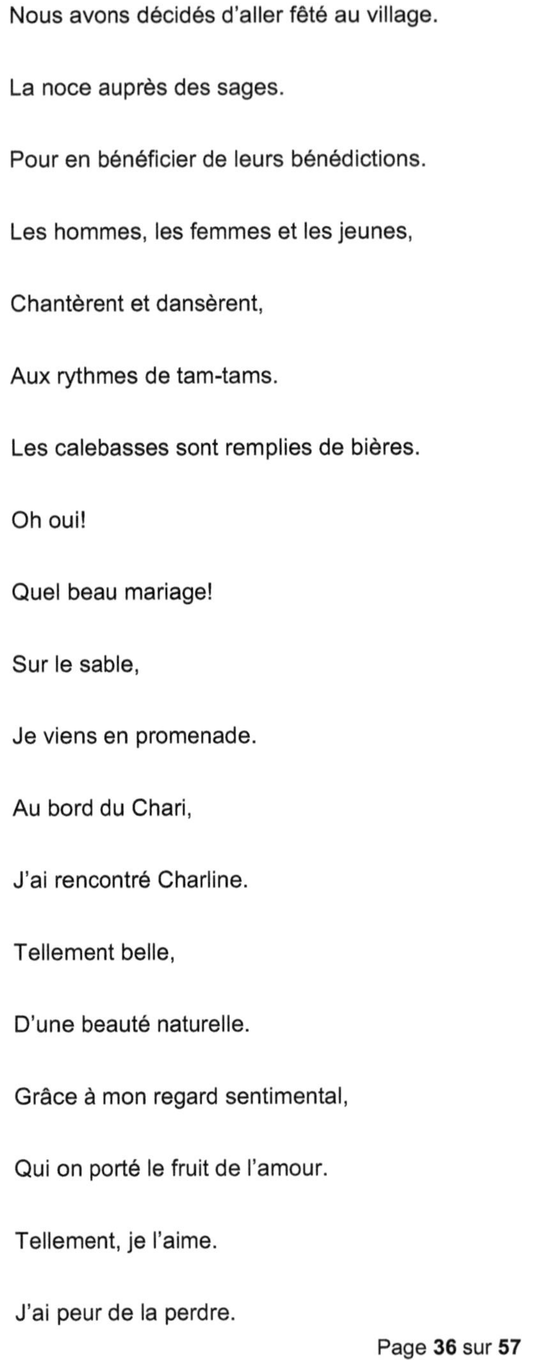

Nous avons décidés d'aller fêté au village.

La noce auprès des sages.

Pour en bénéficier de leurs bénédictions.

Les hommes, les femmes et les jeunes,

Chantèrent et dansèrent,

Aux rythmes de tam-tams.

Les calebasses sont remplies de bières.

Oh oui!

Quel beau mariage!

Sur le sable,

Je viens en promenade.

Au bord du Chari,

J'ai rencontré Charline.

Tellement belle,

D'une beauté naturelle.

Grâce à mon regard sentimental,

Qui on porté le fruit de l'amour.

Tellement, je l'aime.

J'ai peur de la perdre.

On s'est aimé…

Pour l'éternité…

Respecte ton époux!

Ça fait bien très longtemps,

Que je me suis marié.

A cette jeune fille.

Notre foyer, toujours en berne.

Nous sommes plus heureux.

Chaque jour c'est la guerre.

Où veut-elle que je m'en aille?

Chaque jour de problèmes.

Où veut-elle que je m'en aille?

Chaque jour de palabres.

Où veut-elle que je m'en aille?

Chaque jour de bruit.

Où veut-elle que je m'en aille?

Chaque jour de querelles.

Où veut-elle que je m'en aille?

Chaque jour de disputes.

J'affronterai les obstacles.

Rien que la vérité,

Je tout pour te rendre heureuse.

Je franchirai les barrières.

Jeune demoiselle.

Si tu veux vraiment m'aimer.

Aimes moi comme tu me vois tes yeux.

Dans l'amour véritable.

Sans avoir une illusion.

En amour quand on exagère.

Tout sera gâté.

Aïe, Aïe…

Les amies…

Je t'avais interdit,

De marcher avec les torpilleuses.

Les femmes jalouses,

Qui détruisent le foyer des autres.

Je t'avais prévenu,

De ne pas écouter les on dit.

Femme soumets toi à ton mari ça c'est mieux.

Qu'elle genre de femme, J'ai marié?

Aimez-moi s'il vous plait!

Je ne peux plus là supportée.

Elle me cause que des ennuis.

Oh! Oh!

Oh femme soumets toi à ton mari!

Oh! Oh!

Oh femme respecte ton époux!

En plein réunion de travail avec les collègues.

Dans un petit coin,

Accompagner de pot de vin.

Informer de cela,

Tu viens,

Tu renverse tout.

Tu m'insulte.

Tu me gifle,

Devant mes collègues.

Après le boulot,

Je rentre à la maison.

Tu m'accueil pas.

Tu me sers pas,

A manger.

Ma pauvre mère,

Qui est là!

Tu viens, tu là crache dessus.

Tu là frappe, tu l'insulte.

Qu'elle est sorcière.

Trop, trop,

Trop c'est trop!

Ramasse tes bagages

Et disparait.

Qu'elle genre de femme, J'ai marié?

Aidez-moi s'il vous plait!

Je ne peux plus là supportée.

Elle me cause que des ennuis.

Oh! Oh!

Oh femme soumets toi à ton mari!

Oh! Oh!

Oh femme respecte ton époux!

Malgré tes diplômes.

Malgré ton rend social.

Malgré ta richesse.

Respecte, soumets-toi à ton mari.

Aller les Sao!

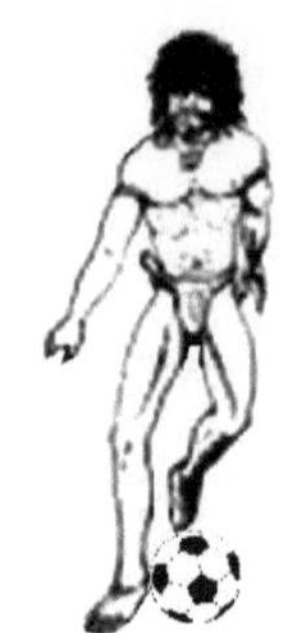

République du Tchad!

Notre cher patri!

Ancêtre Toumaï.

Dans notre pays!

La légende nous fait savoir!

Que les Sao sont des Hommes forts.

De grande taille qui habitaient,

Au bord du lac Tchad.

Mais l'histoire nous fait comprendre.

Que les Sao sont des défaitistes,

Que les Sao aiment l'alcool,

Que les Sao aiment le luxe,

Que les Sao adorent l'ambiance.

Oh…!

Quel paradoxe Sao?

Sao!

C'est moi. Eh ô!

Sao!

C'est lui. Eh ô!

Sao!

Oh ô!

C'est nous.

Tous !

Soyons forts comme eux!

Celui qui vous aime qui vous donne conseil.

J'aurai aimé vous voir jouer!

A la CAN!

Au Mondial!

Comme les autres.

Oublier!

Le passé!

Travailler!

Ç a va aller!

Mouiller le maillot,

Mettez du paquet!

Jouez et gagnez!

Le trophée c'est notre fierté!

Sao O ô

Sao O ô

Sao!

Sao!

C'est moi. Eh ô!

Sao!

C'est lui. Eh ô!

Sao!

Oh ô!

C'est nous.

Tous !

Soyons forts comme eux!

Allez plus loin!

Votre nom plus haut!

Prenez haut le flambeau!

Flottez le Drapeau!

Bleu-Jaune-Rouge.

Notre devise.

Unité-Travail-Progrès!

Sao Oô

Sao Oô

Sao!

Sao!

C'est moi. Eh ô!

Sao!

C'est lui. Eh ô!

Sao!

Oh ô!

C'est nous.

Tous !

Soyons forts comme eux!

Baser, baser, baser…

Mon équipe fait ton historique.

Baser, baser, baser…

Mon équipe fait ton historique.

Je suis perdu, où va ce monde?

La vie est vraiment courte qu'on ne peut s'imaginer.

La vie est tellement courte qu'on ne peut s'imaginer.

Y a des gens qui sont morts et d'autres sont vivants.

Y a des gens qui sont morts certains sont vivants.

Prions le don Dieu qu'il protège notre vie. Prions le don Dieu qu'il prolonge notre vie. Prions le don Dieu qu'il bénisse notre vie.

Certains qui sont là, qui ne pensent qu'à faire du mal.

Certains qui sont là, qui ne pensent qu'à mépriser leurs prochains.

Certains qui sont là, qui ne pensent qu'à trahir leurs frères.

Oh mon frère ne te moque pas de ton frère. Oh mon frère ne te moque pas d'autrui.

La vie est mystérieuse,

Chacun à son tour.

A chaque fois que ça tourne,

Chacun à son tour.

Je suis perdu, y a plus rien au monde.

Je suis perdu, ainsi va la vie.

Je ne peux pas me ressaisir.

Je suis perdu, ainsi va la vie.

J'irai un jour là-bas au paradis,

Auprès de Jésus-Christ.

Le fils de l'homme.

J'irai un jour là-bas dans la lune,

Auprès des milliards d'étoiles.

J'irai un jour là-bas au ciel,

Auprès du père céleste.

Ramener moi, je vous en supplie.

Ramener moi, oh pardon!

Je suis perdu, y a plus rien au monde.

Je suis perdu, ainsi va la vie.

Je ne peux pas me ressaisir.

Je suis perdu, ainsi va la vie.

Le soleil brille dans la journée!

Le ciel bleu entouré par des nuages.

Au bord du marigot.

La vie s'arrête à ce niveau.

Le monde tant de méchancetés.

La vie tant d'hypocrites.

Seul…

Je suis perdu, y a plus rien au monde.

Je suis perdu, ainsi va la vie.

Je ne peux pas me ressaisir.

Je suis perdu, ainsi va la vie.

Les oiseaux volent vers le ciel.

Ils chantent la victoire.

Tandis que, je suis là,

Je ne cesse de pleurniché.

Ils sont tous parti.

N'ya plus rien au monde.

Ils sont tous parti…

Je suis perdu, y a plus rien au monde.

Je suis perdu, ainsi va la vie.

Je ne peux pas me ressaisir.

Je suis perdu, ainsi va la vie.

Elle s'appelle…

Après plusieurs années

De déceptions amoureux

J'ai cessé de faire la cour

A toutes les meufs

De ma capitale

J'ai commencé

A prier

Eternel

De m'avoir donné

Une âme sœur

Afin qu'elle puisse

Me comprendre

Un beau jour

J'ai rencontré

Une demoiselle

Nous avons causé

On s'est échanger

Nos cordonnés …

Affaire conclure…

Dès lors je suis content…

Dès lors je suis heureux…

Elle s'appelle…

Nathalie…

Tu es ma vie…

Tu me rends fou…

Tu brilles ma vie…

Malgré nos querelles et nos offenses

N'ingérons personne…

Dans nos affaires…

Qui à nous, de les résoudre

Ainsi va la vie…

Ainsi va l'amour…

Tu me rends dingue

Dingue …

S'il te plait…

N'écoutes pas les ont dit…

Nathalie…

Tu es ma vie…

Tu me rends fou…

Tu brilles ma vie…

Sans toi…

Voiture sans moteur.

Sans toi…

Une moto sans bougie.

Sans toi…

Le fleuve sans poisson.

Sans toi…

Romeo sans Juliette …

Tu es mon orchidée

Mon Angela

Tu es ma vie…

Nathalie…

Tu es ma vie…

Tu me rends fou…

Tu brilles ma vie…

J'ai besoin d'une sœur.

J'ai besoin d'une sœur

Pour apaiser mon cœur et me combler de joie

Celle qui point me gardera de rancœur

Celle qui m'assurera le rôle d'une mère

J'ai besoin d'une sœur au cœur immense d'une mer

Pour me donner l'envi de vivre

Celle qui sera prête à me témoigner sur la page de son livre

Celle qui luttera pour mon bonheur et mon devenir

J'ai besoin d'une sœur qui pourra me donner la paix du cœur

Une sœur, mère, âme-sœur...

Une sœur de cœur à côté de son frère de sang.

Hymne de combat !

Nous vaillants soldats !

Soyons près pour le combat.

Nous jeunes flambeaux,

Le peuple compte sur nous pour relever ce lourd fardeau.

Evitons que nos actes nous portent préjudices.

Soyons objectif, défendons nos propres intérêts.

Ayons l'esprit pacifique, une justice équitable.

Frère d'armes !

vigilance à l'heure d'alarme.

Evitons de couler de larmes,

Ainsi que de sangs des innocents. Défendons rien que notre patrie,

Ne détruisons pas tout ce que nous avons bâti.

Nos parents nous vous disons Adieu.

Ne nous enviés pas.

Un beau jour, nous promettons qu'on reviendra.

En avant pour le combat!

Je ne suis pas ce que vous penser.

Je ne suis pas ce que vous pensez, ni, de ce que vous croyez.

Je suis le premier fils unique benjamin de mon père.

Vous me voyez sillonné dans des cabarets. Ça ne veut pas dire que, je suis un cas barré. Les gars vous êtres mal barrés.

Des hypocrites, des traitres sont des lâches. Permettez ce clash.

Pour vous faire taire.

Je ne vous donnerai point de l'opportunité de détruire ma vie.

Seule ma souffrance peut témoigner de l'excellence de mon existence.

Y a longtemps !

J'ai assez observé ...

J'ai assez supporté…

J'ai assez regardé…

J'ai assez écouté…

J'ai assez jugé…

Hum…

Mais, je juge en silence.

Je suis un stoïque.

Pas d'escapade.

Et non stupide.

Des ragots qui cherchent à me nuire.

Dans ce paysage mystérieux.

J'ai décidé de tracer ma rage aux miséreux.

Permettez cet insolence, ce n'est pas de mon genre.

J'espère que cela vous ferra un songe.

Je m'impose pour me faire un personnage. Pour l'Eternel, je suis un page.

Mais pour l'Homme, il ne reste que sur une page.

Souligné de mensonges sur mon passage.

Me traiter de sauvage…

Ils ont voulu me rendre sage,

Croyant que je suis fou.

Pourtant, ils m'ont rendu voyou.

En toute véracité. Rien que la vérité.
Permettez de vous dire la vérité.

Comme un enfant qui s'entête, qu'on le dompte.

Je ne suis pas de ceux.

Ma sagesse a disparue au profit des langues miséreux.

S'en profiter de mon humilité, pour m'humilier.

A tout prix me calomnier.

Sur tout point de me faire noyer.

A même dire soulard.

Que je bazarde mon avenir.

Pour un jeu de hasard.

Ils ignorent mon devenir.

Seul Dieu peut nous définir.

Grandir, partir et voilà ma vie brille.

Je ne suis pas ce que vous pensez, ni, de ce que vous croyez.

Je suis le premier fils unique benjamin de mon père.

Détrompés-vous, je suis loin de ce chemin. Oh crétins!

Printed by Books on Demand GmbH, Norderstedt / Germany